ALFAGUARA

POEMAS DE PERROS Y GATOS
D.R. © Del texto: Soledad Córdova, 2000.
D.R. © De las ilustraciones: Fabiola Graullera, 2001.

D.R. © De esta edición:
Santillana Ediciones Generales, S.A. de C.V., 2004.
Av. Universidad 767, Col. Del Valle
México, 03100, D.F. Teléfono 5420 7530
www.alfaguarainfantil.com.mx

Éstas son las sedes del **Grupo Santillana**.

ARGENTINA, BOLIVIA, CHILE, COLOMBIA, COSTA RICA, ECUADOR, EL SALVADOR, ESPAÑA, ESTADOS UNIDOS, GUATEMALA, MÉXICO, PANAMÁ, PERÚ, PUERTO RICO, REPÚBLICA DOMINICANA, URUGUAY Y VENEZUELA.

Primera edición en Alfaguara México: marzo de 2001
Primera edición en Editorial Santillana, S.A. de C.V.: junio de 2002
Primera reimpresión: abril de 2003
Primera edición en Santillana Ediciones Generales S.A. de C.V.: marzo de 2004

ISBN: 968-19-0987-9

D.R. © Cubierta: Fabiola Graullera, 2001.
Impreso en México

Todos los derechos reservados. Esta publicación no puede ser reproducida, ni en todo ni en parte, ni registrada en o transmitida por un sistema de recuperación de información, en ninguna forma ni por ningún medio, sea mecánico, fotoquímico, electrónico, magnético, electroóptico, por fotocopia o cualquier otro, sin el permiso previo, por escrito, de la editorial.

Poemas de perros y gatos

Soledad Córdova

El marqués

al Gomin
abril, 1997

Todos creen que soy perro
pero yo soy un marqués
un marqués de pelo negro
de la cabeza a los pies.

    Me gustan
        alfombras persas
        las camas y los sillones
        y que me den de comer
        croquetas de camarones.

        Impregno con mi perfume
        la banca y el rodapiés
          y el aire de las alcobas
          huele como mi merced.

            El Marqués de Seguimono
              que te hace tropezar
            que te persigue hasta el baño
            cuando te vas a… peinar.

Salomón

al gatito malo
para Elba Morales y Molly Dugan

Con un gatito
    en la falda
paso las noches sin sueño

le acaricio
    me acaricia

ronronea
    ronroneo.

Es un gato regordete
   de pelo crema y café
tiene los bigotes largos
y uñas en los cuatro pies.

Cuando se va de paseo
regresa todo arañado
    yo lo curo suavemente
    y él siente que ha mejorado.

Me gusta mi gato gordo
porque es gatito y es mío
    porque se acuesta a mi lado
    en las noches que hace frío.

Epílogo

¡A mi gato le quería
pero no le quiero ya
  porque me ha mordido mucho
  y me ha rasguñado más!

Adiós

para los alumnos de sexto grado de la UNEAL
abril, 1997

Mi buen Salomón salió
una noche de aventura
y ya nunca regresó
con su gracia y su frescura.

Los vecinos lo encontraron
dormidito en el jardín
   en blanda cama de yerba
      y no pudo despertar
         pues le había llegado el fin.

Me he pasado recordando
su alegría y su amistad
su run-run, su parloteo
su malicia y su bondad.

¡Se ha muerto mi gato gordo
que era mi gatito mío
ya no tengo a quién mimar
en las noches que hace frío!

    Epílogo

        Ha nacido un gato nuevo
        y le puse "Nefertito"
        no es igual que el Salomón
        pero me cae un poquito.

El chipi bibliófilo

a Boris

El chipi bibliófilo
se ha dado maneras
de romper el filo
de mi carpetón.

Es un sinvergüenza
es un malcriado
es un descarado
es un juguetón.

Se come las flores
del jarrón de barro
y con sus uñitas
hace mil dibujos
sobre mi sillón.

Es malito malo
es un malinín
se saca las cosas
de mi maletín.

Lobo

para Láster
septiembre, 1997

En mi casa
   tengo un lobo
que no es
   ni un poco feroz
pero asusta a los vecinos
con su poderosa voz.

Nadie se atreve a timbrar
porque salta en el portón
sacando fieros colmillos
mostrando su vozarrón.

He puesto un cartel muy grande
de "cuidado con el perro"
porque te puede comer
si no la mano, ¡tres dedos!

Su piel es negra y brillante
su nariz, blanda y mojada
tiene una cola grandota
y las orejas paradas.

Si es que te haces su amigo
es manso como un cordero:
nada tiene de lobuno
tiene todo de borrego.

Me recibe cuando llego
con cariños zalameros
me salta, me mueve el rabo
y entona unos canturreos.

Suave su voz se vuelve
—grandulón, torpe y amable—
me salta, se apoya en mí
y yo busco quién me salve…

Y no parece ya un lobo
sino el más tierno cordero.

es un lindo cariñoso
y por eso yo le quiero.

Almacén de gatos

a Camila
abril 5, 1997

Tenemos producción
      de gatos
  al detal
y al por mayor:

   negros
   plomos
   atigrados

¡puede escoger
el color!

Nacen sin parar
   es uno
no, son dos,
     son tres,
        son cuatro;
cada cuatro meses son
     dos, tres, cinco
       seis o siete.

La Gata Cegata
   tonta
la Ballena
Chó-chó
globo,

no se cansa
de parir
como si eso
fuera poco.

Si nos quiere
comprar uno...

¡lleve un parcito de yapa!

Max

abril 3, 1997

Monstruo horrible
 cola larga
nariz negra
 de botón

 pelearingo
 bocinglero
 colorado y
 fanfarrón.

 A mi vecino
  peludo
 le han puesto
 de nombre
 "Max"

 tiene peinado
  de churos
 y orejas
  de trapeador.

Si es que un día
   le saludo
me ladra
   sin compasión

y se escapa
   cuando quiere
por las rejas
   del portón.

Tiene cara
   de buenito
y es bonito
   ¡es un primor!

…pero se cree
   más fiero
   que un peligroso
     león.

No sé si llegue
   a morderme
más bien parece
   que no

pero
   "porsiaca" me alejo
   no sea que sí
   en vez de no.

Nota
El Max es desmemoriado,
una vez le visité;
entonces, me movió el rabo
y hasta casi me lamió.

Chacolí

Mi perrita Chacolí
es larga como un ají,
    pero no pica ni es roja
    ni verde ni anaranjada;
ella es negrita y dorada
con ojos de capulí.

Salta más allá del cielo
corre como una saeta
es chiquita y regordeta
y tiene tanta alegría
tantísima simpatía
que yo la quiero un sinfín.

Le gustan mucho los panes
y la sopa con arroz,
    le gustan los caramelos
    y el jarabe de la tos.

Agua toma por montones
cuando deja de ladrar
y le gustan las canciones
a la hora de callar.

Se me queda acurrucada
dormidita en el sofá
    respirando despacito
    soñando con su mamá.

Es la más linda de todos:
    blanda, tierna y suavecita,
con una loca lengüila
que no deja de lamer.

Si es que la quisieran ver
yo les invito a que vengan.

¡Es lo más lindo que vi
mi perrita Chacolí!

El gato atolondrado

Mi gato se ha chamuscado
por loco y atolondrado:

tiene en la panza una ampolla
y remellada la piel…

¡Es que ha saltado a la mesa
 sin mirar y sin pensar
y ha virado la escudilla
de leche sin enfriar!

Ahora tiene que aceptar
un jarabe y dos pastillas
y aunque le haga cosquillas,
una pomada de untar.

Y todo esto por inquieto,
metiche, necio y travieso…

¡Porque ha tomado la mesa
por pista de patinar!

Mi gato

Tierno Federico
"run-run"
suena la rueca
   de tu garganta.

   Manitas de chocolate
   careta de caramelo
   te empinas sobre las patas
   para alcanzar la ventana.

Tiene la mañana
una luz transparente.
Pían los gorriones
y alguno salta en la enredadera.

        Federico respira
        calladito
        sueña en el gorrión
        y que sabe volar.

Este libro terminó de imprimirse en marzo de 2004 en Encuadernación Ofgloma, S.A. Calle Rosa Blanca Núm. 12, Col. Santiago Acahualtepec, 06900, México, D.F.